Story of Tulips: The Flowers that Shook the World

Do you know Anderson's fairy tale, 'Thumbelina'? Thumbelina was born from tulips. Tulips are friendly flowers that appear often in fairy tales, and are one of the most loved flowers in the world.

When you ask a child to draw a flower, most of them draw flowers in the shapes of tulips. This is because tulips are easy to draw.

Try to think of a flower other than tulips in your head. Flowers, stems, and leaves are more complicated than you think. It is not easy to draw flowers without looking at a picture or an illustrated book. The unique shape of tulips is a beauty that cannot be found in any other flower, but tulips are by no means simple. They come in different shapes and colors, and in the past, there were over 8,000 varieties. Even today, about 2,000 varieties of tulips are cultivated. If you plant multi-colored tulips together, the beauty is doubled. This is very popular with people.

Tulips are very special flowers, but how much do you know about them?

Like, why do tulips plant roots and not seeds, where is the origin of tulips, and what does the name 'tulip' mean?

The tulip seed looks like an onion and is called a bulb. Did you know that in the past one tulip bulb was exchanged for a luxury home?

Tulips have many secrets that even Thumbelina, who was born from them, does not know about.

This book focuses on tulips, taking a scientific and ecological approach to rooting plants, and talks about the history of how tulips became the most loved flower in the world.

After reading this book, you will definitely want to grow tulips. So, let me show you how to plant tulips and make them grow well.

Now, let's go see the tulips.

In the Text

세계를 뒤흔든 꽃,
튤립 이야기

과학생각 02

세계를 뒤흔든 꽃, 튤립 이야기
Story of Tulips: The Flowers that Shook the World

1판 1쇄 | 2022년 5월 25일

글 | 김황
그림 | 끌레몽

펴낸이 | 박현진
펴낸곳 | (주)풀과바람
주소 | 경기도 파주시 회동길 329(서패동, 파주출판도시)
전화 | 031) 955-9655~6
팩스 | 031) 955-9657
출판등록 | 2000년 4월 24일 제20-328호
블로그 | blog.naver.com/grassandwind
이메일 | grassandwind@hanmail.net

편집 | 스튜디오 플롯
디자인 | 박기준
마케팅 | 이승민

값 12,000원
ISBN 978-89-8389-060-3 73480

※잘못 만들어진 책은 구입처에서 바꾸어 드립니다.

제품명 세계를 뒤흔든 꽃, 튤립 이야기 | **제조자명** (주)풀과바람 | **제조국명** 대한민국 **전화번호** 031)955-9655~6 | **주소** 경기도 파주시 회동길 329 **제조년월** 2022년 5월 25일 | **사용 연령** 8세 이상 KC마크는 이 제품이 공통안전기준에 적합하였음을 의미합니다.	⚠ **주의** 어린이가 책 모서리에 다치지 않게 주의하세요.

세계를 뒤흔든 꽃,
튤립 이야기

김황 글 · 끌레몽 그림

풀과바람

머리글

안데르센의 동화 《엄지 공주》를 알고 있나요? 엄지 공주는 튤립에서 태어났어요. 튤립은 동화에도 자주 등장하는 친근하고 사랑받는 꽃이지요.

어린아이들은 꽃을 그릴 때 대부분 튤립을 그려요. 꽃 모양이 독특하고 그리기 쉽기 때문이에요. 튤립 말고 다른 꽃을 떠올려 보세요. 꽃도, 줄기도, 잎도 생각보다 복잡해서 사진이나 도감을 보지 않고는 그리기 쉽지 않을 거예요. 튤립의 독특한 모양은 다른 꽃에서는 찾아보지 못하는 아름다움을 갖고 있어요.

그렇다고 튤립이 결코 단순한 꽃은 아니에요. 모양도 색도 다양하고 과거에는 8,000종이나 되는 품종이 있었어요. 현재에도 2,000종에 달하는 다양한 품종이 재배되고 있고요.

튤립은 다양한 색을 가지고 있어요. 여러 색의 튤립을 대량으로 심어 꽃이 한꺼번에 피면 그 아름다움은 배가 되지요. 그래서 사람들에게 인기가 많아요. 이처럼 튤립은 보통 꽃이 아니라 아주 특별한 꽃이에요. 그렇다면 우리는 튤립에 대해 얼마나 알고 있을까요?

튤립은 왜 씨앗이 아니라 알뿌리를 심는 걸까요? 튤립의 고향은 어디일까요? '튤립'이란 이름은 어떤 뜻을 갖고 있을까요?

또 과거에 튤립 알뿌리 하나가 고급 주택 한 채와 교환될 만큼 비쌌던 사실을 알고 있나요? 튤립 농가에서는 왜 튤립이 꽃을 피우고 2일~3일이

지나면 꽃을 따 버리는 걸까요?

튤립에는 엄지 공주도 모르는 비밀이 많아요.

이 책은 튤립을 중심으로 알뿌리 식물을 과학적, 생태학적으로 살펴보고 튤립이 어떻게 세상에서 가장 사랑받는 꽃이 되었는지 역사를 함께 알아보는 책이에요.

이 책을 모두 읽고 나면 튤립을 키우고 싶어질지도 몰라요. 그래서 튤립을 키우는 방법도 소개했답니다.

그럼 지금 당장 튤립을 만나러 가 볼까요?

김황

차례

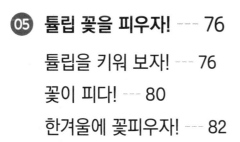

01 대표적인 알뿌리 식물, 튤립

아이리스

라눙쿨루스

수선화

크로커스

히아신스

아네모네

갈란투스

튤립

무스카리

빨리 자라는 알뿌리 식물

2~3월, 꽃샘추위를 이겨 내고 곳곳에서 수선화나 갈란투스, 크로커스가 피는 걸 보면 봄이 가까워졌다는 걸 알 수 있어요. 이들은 '봄을 부르는 꽃'이니까요.

봄이 오면 튤립, 무스카리, 히아신스, 아네모네, 아이리스, 라눙쿨루스 등은 크고 화려한 꽃을 피워요. 다른 식물이 씨앗에서 싹을 틔우고, 겨우 줄기와 잎을 뻗으려고 할 때, 이들은 어느새 자라 꽃을 피우지요. 그런데 튤립은 어떻게 다른 식물보다 빨리 자랄 수 있는 걸까요?

그 비밀은 바로 땅속에 있어요. 사실 앞에서 이야기한 식물들은 모두 알뿌리부터 자란 '알뿌리 식물'이거든요.

알뿌리 식물의 성장이 빠른 까닭은 알뿌리에 저장된 영양분을 사용해서 미리 알뿌리 속에 싹을 만들기 때문이에요.

가을에 땅에 심은 알뿌리에서는 금세 뿌리가 자라나요. 그리고 추운 겨울에도 땅속에서 조금씩 성장하며 봄이 찾아오기를 기다리지요. 그러다 꽁꽁 얼었던 땅이 따뜻한 날씨에 녹으면 알뿌리 식물은 다른 어떤 식물보다 빨리 자라요.

그렇다고 알뿌리 식물만 봄에 빨리 꽃을 피우는 건 아니에요. 민들레도 이른 봄부터 예쁜 꽃을 피우거든요. 겨울의 민들레는 말라 죽은 것처럼 보이지만, 땅속의 뿌리는 살아 있어요.

씨앗부터 자라는 식물이 이제 겨우 뿌리를 내리려고 할 때 민들레는 이미 1년 넘게 자란 튼튼한 뿌리가 있기 때문에 봄에 빨리 꽃피울 수 있는 거예요.

혹시 나무가 아닌 풀은 모두 겨울에 말라 죽는다고 생각했나요? 그렇지 않아요. 튤립도 민들레도 1년만 사는 '한해살이 식물'이 아니라, 여러 해를 사는 '여러해살이 식물'이에요.

여러해살이 식물 가운데 튤립처럼 알뿌리에 영양분을 모아 두고 성장해 꽃을 피우는 식물을 '알뿌리 식물(구근 식물)'이라고 하고, 민들레나 국화, 마거리트, 도라지, 작약, 꽃잔디처럼 특별히 알뿌리를 만들지 않는 식물을 '여러해살이풀(숙근초)'이라고 해요.

툴립

수선화

갈란투스

아네모네

크로커스

무스카리

히아신스

라눙쿨루스

얘들아, 안녕?
우리도 알뿌리
식물이야!

아이리스

양파와 마늘은
맛있기도 하지만,
꽃도 엄청 예쁘다고!

알뿌리는 다 뿌리일까?

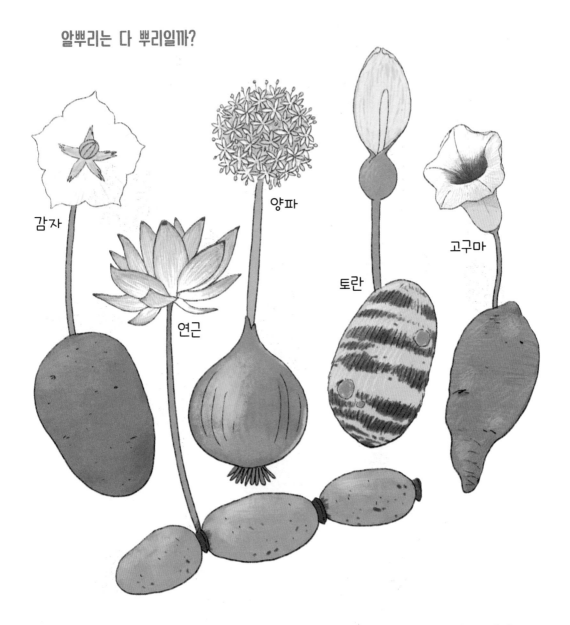

감자

연근

양파

토란

고구마

알뿌리 식물이 사람들에게 꽃으로만 사랑받는 건 아니에요. 바로 감자와 같은 식재료로도 사랑받고 있거든요. 양파와 토란, 연근과 고구마도 모두 알뿌리 식물이랍니다.

우리가 먹는 고구마가 뿌리라는 건 잘 알고 있지요? 그러면 알뿌리 식물인 감자도 우리가 먹는 부분은 '뿌리'일까요?

감자를 햇빛에 놓아두면 초록색으로 변해요. 이건 우리가 먹는 부분이 '줄기'라는 증거예요. 뿌리는 초록색이 아니니까요.

땅속 '기관'에 영양분을 저장하는 알뿌리를 만드는 식물을 알뿌리 식물이라고 해요. '기관'이라고 부르는 이유는 잎, 줄기, 뿌리가 제각기 달라서예요.

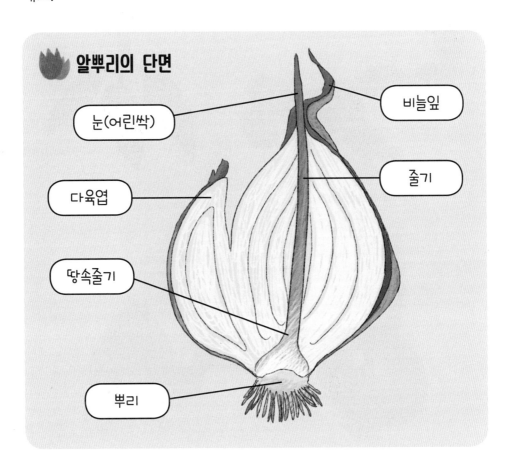

알뿌리의 단면

눈(어린싹)
비늘잎
다육엽
줄기
땅속줄기
뿌리

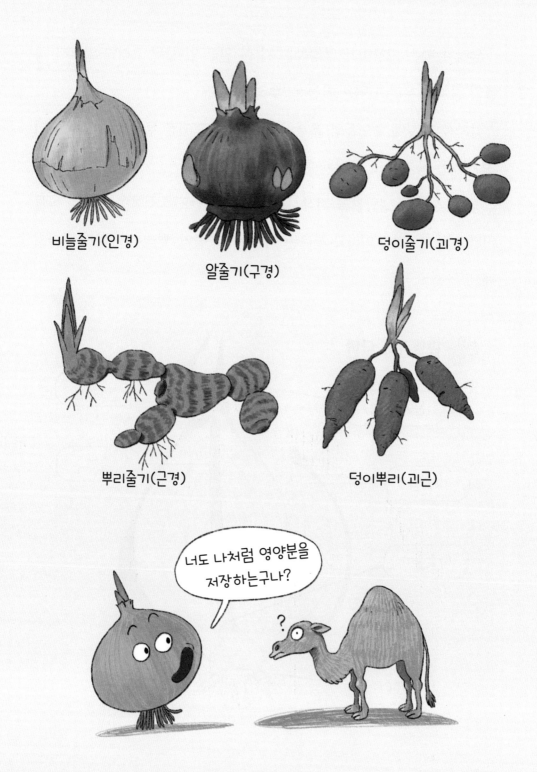

비늘줄기(인경)

알줄기(구경)

덩이줄기(괴경)

뿌리줄기(근경)

덩이뿌리(괴근)

너도 나처럼 영양분을
저장하는구나?

알뿌리는 기관에 따라 다섯 가지 종류로 나뉘어요.

❶ **'비늘줄기(인경)'**는 줄기의 일부에 변형된 모양의 잎이 겹쳐진 알뿌리
예요. 수선화, 튤립, 아이리스, 히아신스, 양파가 이에 속해요.

❷ **'알줄기(구경)'**는 줄기의 밑부분이 알처럼 생긴 알뿌리예요. 크로커스,
글라디올러스, 프리지어, 토란이 이에 속해요.

❸ **'덩이줄기(괴경)'**는 줄기의 일부가 부풀어서 덩이가 된 알뿌리예요.
아네모네, 시클라멘, 알뿌리베고니아, 감자가 이에 속해요.

❹ **'뿌리줄기(근경)'**는 옆으로 뻗어 자라는 땅속줄기가 부풀어서 생긴 알
뿌리예요. 칸나, 저먼아이리스, 연근, 생강이 이에 속해요.

❺ **'덩이뿌리(괴근)'**는 뿌리가 부풀어서 생긴 알뿌리예요. 라눙쿨루스,
달리아, 고구마가 이에 속해요.

알뿌리 식물이라고 해도 모든 알뿌리 식물이 뿌리에 영양분을 저장하는
건 아니에요. 오히려 줄기나 잎에 영양분을 저장하는 경우가 더 많지요.

그렇다면 이 식물들은 왜 '알뿌리'라는 걸 가지게 되었을까요?

알뿌리 식물인 양파의 고향은 비가 적게 내리는 건조한 중앙아시아 지
역이에요. 양파는 비가 내리는 시기가 되기 전까지 잎끝에 영양분을 저장
하기로 했어요. 많은 영양분을 저장하자 점차 잎이 두꺼워졌고, 겹겹이
겹치게 되었어요. 비가 내리지 않는 시기를 대비하기 위한 식물의 지혜
였어요.

알뿌리 식물에는 씨앗이 없을까?

알뿌리 식물은 또 다른 재주도 갖고 있어요. 씨앗이 아니라 아기 알뿌리로 자손을 번성할 수 있어요.

농부들은 감자 농사를 지을 때, 씨앗이 아닌 '씨감자'를 심어요. 그럼 씨감자에서 싹이 나고 자라 땅속에서 쑥쑥 불어나지요.

알뿌리 식물인 마늘도 마늘 조각을 땅에 심으면 싹이 트고 자라요. 튤립의 알뿌리도 여러 개의 아기 알뿌리를 만들어 내는데, 이걸 '알뿌리 나누기'라고 해요. 당연히 수선화와 나리도 아기 알뿌리를 만들어요.

그럼 알뿌리 식물은 다 씨앗이 없는 걸까요?

얍! 분신술!

아니에요. 감자도, 수선화도, 튤립도 모두 씨앗이 있어요. 또 꼭 씨앗을 만들어야 할 이유도 있지요.

어느 감자의 품종이 습기에 약하다고 가정해 봐요. 습한 날씨가 며칠 동안 계속되면 그 감자는 다 죽어 버릴 거예요.

감자도 그걸 잘 알고 있기 때문에 대책을 세우는 거예요. 알뿌리 나누기로 만든 씨감자는 똑같이 습기에 약할 거예요. 그래서 다른 감자와의 수정을 통해 습기에 강한 후손을 남기려 하는 거지요. 감자는 봄이 되면 꽃을 피워서 다른 감자 꽃의 꽃가루가 오기를 기다려요. 그렇게 수정이 되면 새로운 씨앗이 생겨나요.

튤립도 마찬가지예요. 스스로 아기 알뿌리를 만들어서 번식할 수는 있으나, 더 강하게 살아남을 수 있는 다양한 후손을 퍼트리려고 자신과 다른 성질을 가진 씨앗을 만들려고 하는 거예요.

튤립을 씨앗부터 키우지 않는 이유

그렇다면 사람들은 왜 튤립을 씨앗부터 키우지 않는 걸까요?

씨앗 대신 알뿌리를 심는 데에는 이유가 있어요. 튤립의 씨앗은 두께가 아주 얇아요. 씨앗을 땅에 심으면 땅속에 뿌리를 내리고 곧 어린잎(자엽)이 움터서 땅 위로 자라나요. 마치 실파처럼 생겼지요. 그런데 잎은 10센티미터 정도 자라고는 시들어 버려요.

'역시 씨앗 대신 알뿌리를 심는 건 씨앗이 약하기 때문이야!'

혹시 이렇게 생각했나요? 잎은 시들었지만, 씨앗은 죽은 게 아니에요. 땅속의 갈라진 뿌리에서는 아주 작은 덩어리가 생겨요. 이 작은 덩어리는 알뿌리가 된답니다. 튤립의 1년 동안의 성장은 이게 다예요. 신기하지요?

씨앗을 심은 지 2년째가 됐을 때도 잎은 한 장뿐이지만, 전해보다 훨씬 훌륭한 잎이 나와요. 3~4년쯤 되면 잎은 커지지만, 여전히 한 장뿐이지요. 그리고 잎은 시들어 버려요. 하지만 안심해도 돼요. 땅속에는 튼튼해진 알뿌리가 있으니까요.

씨앗을 심은 지 5년째 봄, 드디어 튼튼한 잎이 세 장이나 나와요. 줄기에는 꽃봉오리가 생기고 드디어 꽃을 피워요. 꽃을 피우기 위해서는 알뿌리가 잘 자라야 해요. 이처럼 튤립을 씨앗부터 키우면 꽃이 피는 데 아무리 빨라도 5년이나 걸려요.

어때요? 여러분은 그 오랜 시간을 기다릴 수 있나요? 초등학교 3학년

때 씨앗을 심었다면 중학생이 되어서야 겨우 꽃이 피는 거예요. 이게 바로 튤립을 씨앗부터 키우지 않는 이유예요.

또 다른 이유도 있어요. 튤립의 씨앗은 알뿌리가 갖고 있는 성질과 다른 성질을 가진다고 이야기했던 것 기억나나요? 5년 동안 빨간색 꽃이 피기를 기다렸어도 막상 노란색 꽃이 필 수도 있는 거예요. 튤립을 씨앗부터 키우게 되면 어떤 모양과 어떤 색의 꽃이 피는지 알 수 없어요.

한편 알뿌리는 그 꽃의 분신이기 때문에 똑같은 꽃이 피어요. 게다가 가을에 심기만 하면 이듬해 봄에는 반드시 꽃을 피워요. 오랜 시간을 기다릴 필요가 없지요.

튤립의 성장 과정

세계에서 재배되는 2,000종의 튤립

세계에서 튤립의 알뿌리를 가장 많이 생산하는 네덜란드에는 '네덜란드 왕립 알뿌리 생산자 협회(KAVB)'란 모임이 있어요. 이곳에서는 과거에서 오늘날까지 만들어진 튤립의 품종을 등록해 왔는데, 최근에는 6,519종이 등재되어 있지요.

튤립의 품종은 한때 8,000종까지 달했다고 해요. 하지만 지금은 사라진 품종도 많아서 현재 세계에서 재배되는 품종은 2,000종 정도라고 해요. 그중 실제 시장에서 거래되는 품종은 1,000종 정도 되고요.

그러면 튤립에는 어떤 품종이 있을까요? 색다른 튤립 몇 가지를 소개해 볼게요.

튤립은 꽃잎이 보통 홑꽃잎인데, 꽃잎이 겹겹이 겹친 겹꽃잎 튤립도 있어요.

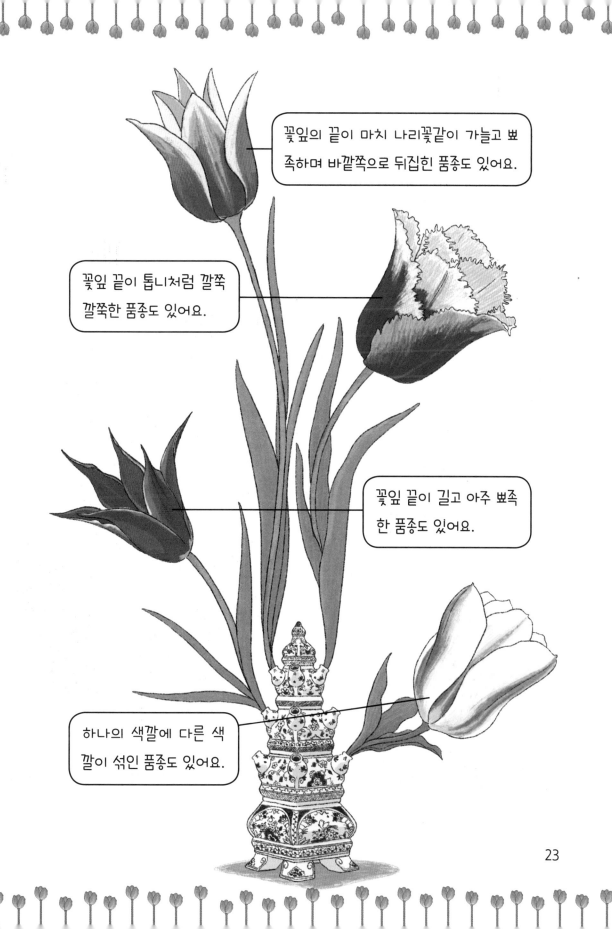

꽃잎의 끝이 마치 나리꽃같이 가늘고 뾰
족하며 바깥쪽으로 뒤집힌 품종도 있어요.

꽃잎 끝이 톱니처럼 깔쭉
깔쭉한 품종도 있어요.

꽃잎 끝이 길고 아주 뾰족
한 품종도 있어요.

하나의 색깔에 다른 색
깔이 섞인 품종도 있어요.

얼룩이 아름다운 품종도
있어요.

잎에 진한 보라색 얼룩이 있는
품종도 있어요.

24

키가 아주 큰 품종도
있어요.

반대로 키가 아주 작은
품종도 있어요.

02 튤립의 고향

식물의 원산지

이제 튤립이 어떻게 전 세계 사람들에게 사랑받는 꽃 중 하나가 되었는지에 대해 설명해 줄게요. 그러려면 우선 튤립의 고향에 대해 꼭 알아야 해요.

어떤 식물의 '원종(야생종)'이 자연적으로 자라난 곳을 '원산지'라고 해요. 그 식물의 '고향'인 셈이지요.

세계 사람들이 부러워하는 인삼의 고향, 즉 인삼의 원산지는 우리나라예요.

그리고 김치의 고향은 우리나라이지만, 김치의 재료인 배추는 중국, 마늘은 중앙아시아, 고추는 중남 아메리카 대륙이 원산지예요.

그럼 꽃은 어떨까요?

아름다운 꽃으로 유명한 장미는 유럽이 원산지 같지만 그렇지 않아요. 티베트 주변, 중국의 윈난성에서 미얀마에 걸친 곳까지 야생종이 많이 나고 있어서 그곳이 장미의 고향이라고 추측하지요.

우리나라 사람들이 좋아하는 코스모스는 아시아가 아닌, 아메리카 대륙 멕시코 주변의 고산 지대가 원산지예요.

그런데 채소나 꽃의 원산지를 찾아내는 건 생각보다 간단한 일이 아니에요. 사람이 작물로 이용하기 위해 개량한 종을 '재배종'이라고 하는데 이 재배종 중 일부는 야생종과 모습이 아주 달라진 경우도 있거든요.

수박은 원산지 논쟁이 벌어졌던 식물이에요. 수박은 오래전부터 아시아에서는 물론이고 유럽에서도 즐겨 먹는 과일이에요.

벽화에 그려진 이 식물은 수박입니다.

인도가 수박의 고향일 것이라는 설이 유력했지만, 인도의 어디를 찾아봐도 수박의 조상이라고 여겨지는 식물을 발견할 수 없었어요. 그러던 1857년, 영국의 탐험가 리빙스턴이 아프리카 대륙 남부의 칼라하리 사막에서 수박의 조상으로 볼 수 있는 멜론을 발견하면서 수박의 원산지를 둘러싼 논쟁이 끝났지요. 우리가 즐겨 먹는 수박의 고향은 아프리카였던 거예요.

이집트

수단

코르도판

아프리카

이건 수박의 조상인 코르도판 멜론이에요.

튤립을 처음 재배한 건 터키 사람

튤립의 원산지는 과연 어디일까요?

'튤립'이라고 하면 누구나 네덜란드를 가장 먼저 떠올려요. 1년 중 두 달 동안 네덜란드 리세의 쾨켄호프에서 열리는 세계 최대 꽃 축제인 '튤립 축제'도 아주 유명하고요.

네덜란드는 튤립을 세상에 널리 알리는 데 특별한 역할을 한 나라이고, 지금도 튤립의 알뿌리를 세계에서 가장 많이 생산하는 나라이기도 해요.

하지만 네덜란드가 튤립의 고향은 아니에요. 네덜란드에서는 야생 튤립, 즉 원종이 나지 않았기 때문이에요.

　야생 튤립을 제일 처음 재배종으로 개량한 건 터키 사람이에요. 이를 바탕으로 터키에서 튤립의 원종이 난다는 사실을 알 수 있지만, 그렇다고 해서 꼭 터키에서만 원종 튤립이 나는 것도 아니에요.

　튤립의 원산지는 중앙아시아를 중심으로 동쪽은 중국의 서부까지, 서쪽은 중동에서 지중해 연안까지 퍼지는 북위 40도선의 넓은 지역이에요. 이 지역에는 튤립의 원종이라고 볼 수 있는 꽃이 약 150종이 있으며, 터키에는 그중 14종이 있어요.

터키는 과거에 '오스만 제국'이라는 나라였어요. 15세기에 주변 나라와의 전쟁에서 승리해 영토를 넓혔지요. 오스만 제국은 전쟁을 통해 얻은 '이스탄불'을 수도로 정했어요.

나라를 다스리는 지배자인 '술탄'들은 튤립을 아주 사랑했어요. 그래서 궁전은 물론, 도시 곳곳의 정원에도 튤립을 심었어요. 술탄뿐만 아니라, 평민도 '터번'이나 머리카락에 튤립을 꽂고 다닐 만큼 좋아했어요. 터번은 이슬람교 사람들이 머리에 모자처럼 두르는 천이에요.

이때 터키 사람들이 귀하게 여긴 튤립은 오늘날 우리가 아는 튤립과는 좀 달라요. 꽃의 모양은 아몬드형이며 꽃잎이 송곳처럼 뾰족하고 끝이 바깥쪽으로 뒤집힌 튤립이었지요.

이렇게 독특한 튤립을 만들면 나라에서 큰 포상을 내렸기 때문에 원예가들은 최선을 다해 튤립을 개량했어요. 이렇게 18세기에 완성된, 꽃잎이 송곳처럼 뾰족한 튤립은 '이스탄불 튤립'이라고 불렸어요. 하지만 아쉽게도 지금은 사라지고 말았지요. 책이나 그림으로만 남아 있을 뿐이에요.

이처럼 오스만 제국 시대에는 사람들이 새로운 품종의 튤립을 만들기 위해 애썼으며, 그 수가 2,000종에 달했어요.

'랄레'가 '튤립'이 되어 유럽으로

이곳의 사람들은 머리에 '튤리팜'이라는 걸 써.

1554년, '신성 로마 제국(오늘날의 독일, 오스트리아, 체코, 이탈리아의 북부)'의 외교관 뷔스베크는 오스만 제국에 가게 되었어요.

그는 수도 이스탄불로 가는 길에 많은 사람이 머리에 꽃을 꽂고 다니는 걸 보고 통역관에게 물었어요.

"저것의 이름은 무엇입니까?"

그런데 통역관은 꽃 대신 터번을 묻는 거라고 생각하고 엉뚱한 대답을 했어요.

터키말로 튤립은 '랄레(lale)'라 부르고 터번은 '튈벤트'라고 불렀는데, 통역관은 터번을 뜻하는 외국말인 '튤리팜'이라고 말했지요.

뷔스베크는 친구에게 보내는 편지에 이렇게 썼어요.

"나의 이스탄불 여행도 거의 끝났다. 들판에는 여러 꽃이 어우러져 핀다. 수선화나 히아신스, 그리고 터키 사람들이 튤리팜이라고 부르는 꽃도……."

뷔스베크는 오스만 제국에서 머무는 동안 얻은 희귀한 식물의 씨앗이나 알뿌리를 친구들에게 보냈어요. 당연히 그 속에는 튤립도 있었지요.

이를 계기로 유럽 사람들에게 '튤립'이라는 이름으로 불리게 된 것이지요.

최근 연구에 따르면 유럽에 처음 튤립을 알린 사람은 뷔스베크가 아니라 스위스의 박물학자인 콘라트 게스너란 주장도 있어요. 그 증거로 남겨진 그림도 있고요.

하지만 게스너보다 뷔스베크의 이름이 훨씬 유명한 건 결과적으로 그가 '튤립'이란 이름을 지은 사람이기 때문이에요.

통역관의 실수로 튤립의 이름이 지어진 이 재미있는 이야기는 튤립에서 태어난 엄지 공주도 몰랐을 거예요.

네덜란드는 튤립의 '제2의 고향'

세상에나!
너무 아름다워!

클루시우스

프랑스에서 태어나고 유럽 각국을 다니며 식물학을 깊이 연구한 클루시우스도 뷔스베크에게 씨앗과 알뿌리를 받은 사람 중 한 명이었어요.

클루시우스는 알뿌리 식물에 대한 관심이 남달랐어요. 그래서 아이리스, 라눙쿨루스, 히아신스, 아네모네, 수선화, 나리 등의 새로운 품종을 부지런히 수집했어요.

그런 클루시우스는 튤립을 보자마자 반할 수밖에 없었지요. 그는 터키에서 알뿌리를 수입하는 등 튤립을 수집하기 시작했어요.

그러던 1593년, 클루시우스는 인생 마지막 여행길에 올랐어요. 라이덴 대학의 식물학 교수와 학교 안에 새로 만들 식물원의 감독을 맡아 달라는 초청을 받은 거예요. 그는 그동안 수집했던 튤립과 함께 네덜란드에 가게 되었어요.

클루시우스는 감독을 맡은 식물원에 튤립을 심었어요. 그리고 튤립은 큰 인기를 끌었어요.

"튤립을 팔아 주세요. 돈은 얼마든지 드리겠어요."

네덜란드의 귀족과 힘 있는 상인, 원예가들은 보기 드문 튤립을 갖고 싶어 했어요.

"안 됩니다. 이 튤립은 팔기 위해 키우는 게 아닙니다."

클루시우스는 쉽게 튤립을 팔지 않았어요. 어쩔 수 없이 줘야 할 때면 아주 비싼 값을 받았지요.

클루시우스가 욕심쟁이라 그런 게 아니었어요. 그는 식물을 사랑하는 친구들에게는 돈을 받지 않고도 여러 튤립의 알뿌리를 선물했었으니까요.

클루시우스는 남들에게 자랑하기 위해 튤립을 얻고 싶어 하는 사람들에게만 비싼 값을 요구했어요. 식물을 연구하는 데 온 생을 다 바친 클루시우스 나름의 철칙이었지요.

그러자 식물원의 튤립을 밤에 도둑맞는 일이 여러 번 일어났어요. 튤립을 훔친 사람들은 다른 곳에서 알뿌리와 씨앗을 재배해서 비싸게 팔았고요.

사실 네덜란드에는 클루시우스가 가기 전에도 이미 튤립이 존재했어요. 하지만 당시 위대한 식물학자가 튤립을 키우자 그제야 뒤늦게 유행한 거였지요.

네덜란드는 지역 특성상 배수가 잘되는 모래땅이 많았어요. 그리고 네덜란드는 이후 튤립 재배의 세계적 중심지가 되어 '튤립의 제2의 고향'이라고 불리게 되었어요.

비록 원종이 나지 않아도 네덜란드에는 튤립의 찬란한 역사가 있어요. 그 역사의 첫걸음을 클루시우스가 내디뎠던 거예요.

03 튤립에 미친 사람들 때문에 일어난 튤립 파동

알뿌리 하나가 집 한 채와 교환되다

클루시우스 덕분에 네덜란드에서는 튤립이 대유행했어요. 새로운 품종을 만들기 위한 열의도 아주 높았지요.

꽃 모양을 중시했던 과거의 터키 사람들은 오늘날 우리가 알고 있는 튤립보다 더 홀쭉한 모양을 좋아했어요. 그리고 당시 서유럽 사람들은 둥근 컵 모양의 튤립을 선호했고, 모양보다는 색을 더욱 중요시했어요. 유럽에 튤립이 전해진 이후, 유럽 사람들은 자신들이 원하는 튤립을 만들기 시작했어요.

새 품종 만들기의 시작은 씨앗을 얻는 거예요. 씨앗부터 키우면 꽃이 피는 데 적어도 5년은 걸린다고 말한 것 기억하나요? 충분히 다 자란 알뿌리를 얻자면 이 역시 6년이 걸려요.

알뿌리 식물은 '아기 알뿌리'를 만들어요. 한 송이의 튤립에서 얻을 수 있는 괜찮은 아기 알뿌리는 기껏해야 세 개쯤이에요. 그 세 개의 알뿌리에서 다음 해에 다시 알뿌리를 세 개씩을 얻는다고 해도 아홉 개, 그다음 해에는 스물일곱 개……. 단순하게 계산해도 2,000개가 넘는 알뿌리를 얻기 위해서는 적어도 7년이 걸려요. 이처럼 새 품종을 만들려면 오랜 시간이 걸리지요. 과학이 발달한 오늘날에도 새 품종의 튤립을 시장에 선보일 때까지는 20년 정도 걸려요. 그래서 그즈음 유럽에서는 흔하지 않은 모양과 색을 가진 튤립이 비싸게 팔렸어요.

그중에서도 특히 '브로큰 튤립'에는 믿을 수 없이 어마어마한 가격이 붙었지요. 기록에 따르면 '알뿌리 하나'가 '밀과 호밀 각각 한 포대, 마차 두 대, 살진 수컷 황소 네 마리, 돼지 다섯 마리, 맥주 네 통, 와인 두 통, 버터 백육십 킬로그램, 치즈 오백 킬로그램, 침대 한 대, 여러 벌의 옷, 그리고 은제 컵'과 교환되었어요.

당시와 지금의 물건값을 단순하게 비교하지는 못하지만, 튤립 알뿌리 하나가 도심의 고급 주택 한 채와 교환될 만큼 비싼 가격이었다는 건 틀림없는 사실이에요.

'브로큰 튤립'을 만들어라!

클루시우스가 식물원에 튤립을 심은 지 30년 정도 지난 1620년대에 는 알뿌리의 양이 많아져서 튤립값이 많이 떨어졌어요.

그런데도 여전히 비싼 가격에 팔리는 튤립이 있었어요. 바로 흰색이나 노란색의 꽃잎에 붉은색이나 보라색의 얼룩이 들어간 '브로큰 튤립'이었 어요.

색을 중요시하던 유럽 사람들은 두 가지 색이 섞여 있는 튤립을 귀하 게 여겼고, 브로큰 튤립의 얼룩은 모두 달라서 더욱 귀했지요.

브로큰 튤립은 모두 특별해.

특별하니까 희귀하고, 희귀하니까 소중해!

소중한 튤립은 비싸게 팔 수 있지!

게다가 브로큰 튤립은 알뿌리 나누기로 알뿌리를 얻는 게 어려워서 쉽게 수를 늘리지 못했어요. 그래서 더욱 귀한 품종으로 여겨져 값이 놀라울 만큼 비쌌던 거예요.

돈이 부족해서 비싼 브로큰 튤립을 살 수 없던 사람들은 화가에게 그림을 그려 달라고 의뢰했어요. 그래서 당시에 그려진 튤립은 거의 다 브로큰 튤립이었어요. 원예가나 재배가는 브로큰 튤립처럼 얼룩이 있어야 비싸게 팔 수 있다고 생각해서 얼룩진 튤립을 만들려고 애썼어요.

으하하!

이 바이러스 님이 브로큰 튤립을 창조했다!

　얼룩진 튤립을 만들기 위해 가장 많이 쓴 방법은 바로 비둘기 똥을 뿌리는 거였어요. 낡은 벽에서 떼어 낸 회반죽이나 비료에서 흘러나온 물을 뿌리기도 했어요. 심지어는 튤립 알뿌리를 심을 때 자기가 원하는 색의 물감 분말을 땅에 뿌리기도 했어요.

　그런데 사실 튤립 얼룩의 정체는 '바이러스'였어요. 그러나 당시의 사람들은 바이러스의 존재 자체를 몰랐지요.

　브로큰 튤립에 우연히 얼룩이 생긴 것은 병 때문이었고, 알뿌리 나누기가 어려운 것 역시 병들어 쇠약했기 때문이었어요.

　이 브로큰 튤립의 인기는 선명한 색을 가진 '다윈계'라는 품종이 19세기에 만들어질 때까지 약 300년 동안이나 계속되었어요.

튤립 파동을 풍자한 그림

네덜란드에서는 튤립 때문에 나쁜 일도 많이 일어났어요.

튤립에 거금을 투자했다가 튤립의 인기가 뚝 떨어지자 파산한 사람들이 속출했거든요. 네덜란드는 튤립 때문에 사회가 대혼란에 빠진 튤립 파동이 일어난 나라로도 유명해요.

튤립 자체에는 아무 관심도 없던 노동자나 하녀 같은 평민들도 너도나도 앞다퉈 튤립 알뿌리를 사들였고, 사회는 혼란에 빠지기 시작했어요.

만약 인기 품종의 알뿌리를 자기가 산 가격보다 더 비싸게 판다면 돈벌이가 아주 수월하겠죠? 게다가 그 알뿌리가 브로큰 튤립으로 자란다면 가격은 하루 사이에 몇십 배, 아니 몇백 배나 올라갈 테니 그만한 가치가 있다고 생각했을 거고요.

처음에는 '실물' 알뿌리로 거래했으나, 돈벌이가 목적인 사람들이 불어나자 점차 실물 대신 소유자와 품종, 무게 등을 적은 '종이' 형태로 튤립이 거래되었어요.

이런 사회적 문제는 1634~1637년에 절정으로 치달았어요. 이 현상을 '튤립 파동'이라고 불러요.

오직 이익만을 추구할 목적으로 뭔가를 구입하는 걸 '투기'라고 해요. 이 튤립 파동은 역사상 처음 기록된 최초의 투기 과열로 세계사에 남게 되었어요.

튤립 파동이 일어났던 시대를 잘 표현한 풍자화도 유명해요. 풍자화란 부정적인 사실이나 현상을 우스꽝스럽게 그린 그림을 말해요.

오른쪽 그림에서 튤립을 쥔 채 차에 타고 있는 사람은 꽃의 여신 '플로라'예요. 주변에는 여신의 튤립을 얻기 위한 욕심 많은 사람이 떼를 지어 있어요.

땅바닥에 떨어진 튤립은 무엇을 표현한 걸까요? 바로 가치가 떨어진 튤립을 나타내요.

펄럭이는 깃발로 바람이 부는 걸 표현한 것도 의미가 있어요. 바람의 방향은 자주 바뀌기 때문에 차가 어디로 가는지 전혀 알 수 없다는 걸 표현한 것이지요.

그런데 정말 그림처럼 바람의 방향이 달라졌어요. 어느 날 튤립 알뿌리의 가격이 폭락했거든요.

튤립에 전 재산을 투자했다가 모든 걸 잃게 된 사람들이 속출했어요. 나라가 대혼란에 빠지는 악몽 같은 일이 실제로 벌어진 거예요.

네덜란드 정부는 돈벌이를 목적으로 한 실물 없는 튤립 거래를 금지했고, 일정한 값의 수수료만 낸다면 계약을 해지할 수 있는 대책들을 세워 겨우 대혼란에서 벗어날 수 있었어요.

화단에 대량으로 심는 꽃

튤립의 역사를 다시 한번 돌이켜 보면 처음에는 튤립이 왕족을 비롯한 귀족이나 힘 있는 상인의 꽃이었어요. 돈 많은 사람이 비싼 자동차를 타고 다니며 자신이 부자라고 자랑하듯, 이 시기의 힘 있는 사람들은 비싼 튤립을 정원에 많이 심어서 자신의 재력과 힘을 자랑했지요.

하지만 그 유행은 길지 않았어요. 튤립 대신 자신을 과시할 수 있는 새로운 것들이 자꾸 생기고 바뀌었으니까요.

그 이후 튤립은 원예가와 재배가의 꽃이 되었어요. 이들은 새로운 품종을 만드는 데 열중했어요. 튤립 파동이 일어났던 시대에는 모두가 앞다퉈 튤립을 샀지만, 그건 돈벌이를 위한 것이었을 뿐이지 튤립을 사랑해서가 아니었어요.

그전까지 귀족이나 힘 있는 상인, 원예가와 재배가 등의 일부 사람들은 희귀한 몇몇 품종만 좋아했어요. 또 같은 품종을 대량으로 심으려고 하지 않았지요.

시간이 더 흘러 원예가와 재배가의 관심도 사라지고, 튤립이 모두의 꽃이 된 건 튤립을 화단에 많이 심게 되면서부터예요.

19세기가 되자 선명한 색을 가진 '다원계' 품종이 등장했어요. 여러 색의 튤립을 화단에 많이 심자 아주 아름다웠지요. 그래서 사람들은 그 모습을 보고 튤립의 또 다른 아름다움을 발견하게 되었어요.

1889년 프랑스 파리에서 열린 만국 박람회 때 처음 선보여 큰 이목을 끈 에펠탑만큼, 화단에 대량으로 심어져 일제히 핀 튤립도 주목을 받았어요.

그 이후, 사람들은 튤립을 화단에 한가득 심게 되었어요. 그런데 많이 심으려면 그만큼 값싼 알뿌리가 아주 많이 필요했지요.

네덜란드는 튤립 파동이 끝난 후에도 계속 튤립의 알뿌리를 생산하는 중심지였어요. 그 많고도 많은 알뿌리의 대량 생산을 맡았지요. 그래서 네덜란드는 명실공히 '제2의 튤립의 고향'이 되었어요.

사람들이 여러 품종의 알뿌리를 저렴한 가격에 쉽게 살 수 있게 되자, 비로소 튤립은 모두의 꽃이 되었지요.

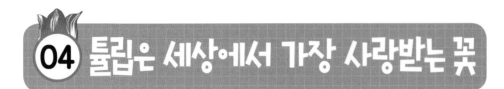

04 튤립은 세상에서 가장 사랑받는 꽃

튤립은 '3'으로 이루어지다

이번에는 튤립을 살펴볼까요?

앞에서 계속 이야기했듯이 튤립의 독특한 꽃 모양은 다른 꽃에서는 찾

아볼 수 없는, 튤립만이 지닌 아름다움이에요.

튤립은 꽃잎도 잎도 모두 '3'으로 이루어져 있어요. 튤립의 꽃잎은 여섯 장처럼 보이지만, 사실 바깥쪽의 세 장은 꽃잎이 아니에요.

알뿌리에서 세 장의 잎이 생기면, 그 사이에 연한 꽃봉오리가 생겨요. 꽃봉오리는 점점 부풀다가 꽃이 활짝 피어나요. 이때 바깥에 피어난 세 장은 꽃받침이고, 안에 피어난 세 장은 꽃잎이에요.

튤립처럼 꽃받침이 꽃잎으로 보이는 꽃에는 수국, 분꽃 등이 있어요.

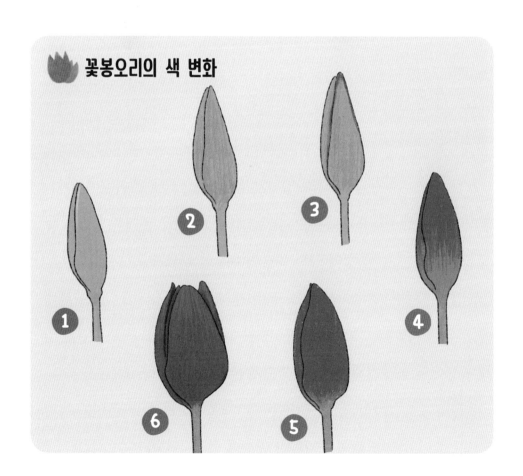

꽃봉오리의 색 변화

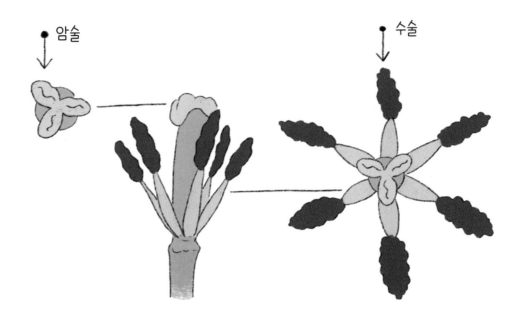

암술

수술

튤립의 꽃잎은 햇빛에 따라 열리거나 닫혀요. 그래서 아침에 활짝 핀 꽃이 저녁때 오므라들기도 해요. 비가 내리거나 추운 날에는 튤립이 꽃잎을 굳건히 닫아요. 꽃 속에 있는 암술과 수술을 지키기 위해서예요.

튤립의 암술은 하나이지만 그 끝은 세 개로 나누어져요. 암술 둘레에 있는 수술의 개수는 '3'의 두 배인 여섯 개예요. 또 대부분의 튤립은 잎이 세 장이에요. 때로 잎이 네다섯 장인 튤립도 있긴 하지만요.

튤립의 꽃은 피어나고 오므라드는 걸 되풀이하면서 1~2주일쯤 유지되는데 그동안 다른 튤립의 꽃가루가 암술에 옮겨지면 씨앗이 생겨요.

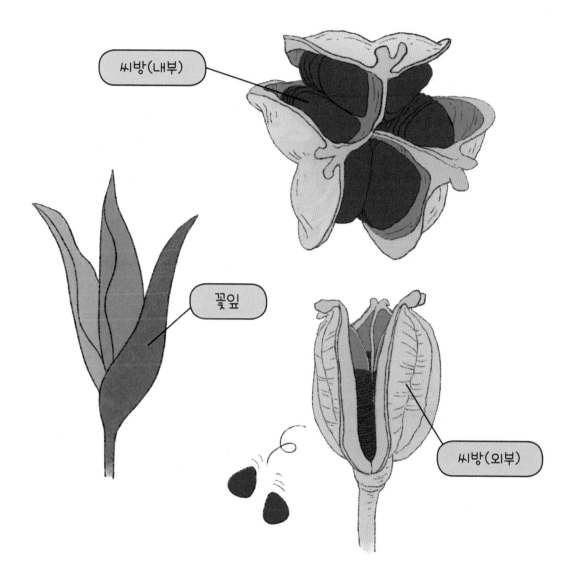

씨방(내부)

꽃잎

씨방(외부)

그 씨앗이 들어 있는 방 또한 세 개이고 보통 200~300개의 씨앗이 생
겨요.

튤립은 꽃잎, 꽃받침, 잎이 모두 세 개예요. 어때요? 튤립은 '3'으로 이
루어진 꽃이라고 보아도 되겠지요?

싱글 얼리 튤립
(Single Early Tulip)

더블 튤립
(Double Tulip)

프린지드 튤립
(Fringed Tulip)

싱글 레이트 튤립
(Single Late Tulip)

다윈 하이브리드 튤립
(Darwin Hybrid Tulip)

포스테리아나 튤립
(Fosteriana Tulip)

그레이기 튤립
(Greigii Tulip)

패럿 튤립
(Parrot Tulip)

카우프만니나 튤립
(Kaufmannina Tulip)

비리디플로라 튤립
(Viridiflora Tulip)

릴리 플라워드 튤립
(Lily Flowered Tulip)

트라이엄프 튤립
(Triumph Tulip)

스피시즈 튤립
(Species Tulip)

렘브란트 튤립
(Rembrandt Tulip)

파란 튤립은 아직 없다

앞에서 말했듯이, 튤립은 현재 2,000종에 달하는 다양한 품종이 재배되고 있어요. 이처럼 튤립은 단순하면서도 종류가 아주 다양해요. 사람들은 많고 많은 품종 가운데 자신의 취향과 맞는 꽃을 골라 심을 수 있어요. 이 또한 튤립이 사랑받는 이유 중 하나지요.

여러분은 어떤 색깔을 좋아하나요? 튤립은 거의 모든 색의 꽃잎이 존재해요. 하지만 아직 만나지 못한 튤립의 색도 몇 가지 있어요.

하나는 '파란색'이에요. 하늘이나 바다처럼 새파란 튤립은 아직 없어요. 그래서 사람들은 봄에 화단을 꾸미려고 튤립을 심을 때 파란 튤립 대신 무스카리를 심어요.

또 '검은색' 튤립도 아직 없어요. 원예가들의 오랜 노력 끝에 검은색 튤립이 만들어지기는 했으나, 엄밀히 말하면 검은색에 아주 가까운 검보라색이에요. 완벽한 검은색 튤립은 아직 없지요.

또 녹색 튤립도 아직 없어요. 흰색 꽃잎에 녹색 얼룩이 들어간 품종은 있으나 꽃 전체가 녹색인 튤립은 아직 없어요.

사람들이 오랫동안 튤립의 새 품종을 만들기 위해 노력했는데 아직도 만들지 못했다는 건 기존의 '교배' 방법으로는 어렵다는 것을 뜻해요.

그래서 최근에는 '생명 공학(바이오테크놀로지)'으로 새로운 품종을 만들기 위한 연구가 활발해요. 머지않아 파란색, 검은색, 녹색의 튤립도 만나 볼 수 있을 거예요.

새 품종은 어떻게 만들까?

새로운 품종의 튤립은 어떻게 만들까요? 보통 튤립은 씨앗부터 키우지 않지만, 새 품종을 만들기 위해서는 먼저 씨앗을 얻어야 해요.

꽃 속에는 수술과 암술이 있는데, 꽃이 피었을 때 이미 성숙한 수술에서는 꽃밥이 찢어지고 많은 꽃가루가 나와요.

하지만 암술은 아직 미숙한 상태이기 때문에 자신의 꽃가루가 암술에 붙어도 씨앗이 생기지 않아요. 왜냐하면 자신의 꽃가루로 씨앗을 만들면 자신과 똑같은 성질의 꽃이 이어질 뿐이니까요.

며칠이 지나 수술의 꽃가루가 모두 떨어지면 암술도 성숙해져요. 이때 다른 튤립의 꽃가루가 암술에 옮겨 붙으면 씨앗이 생기지요. 수술과 암술의 성숙 시기를 다르게 하여 자기 꽃가루로 씨앗이 생기는 걸 막는 거예요.

이렇게 자연적으로 수정되는 것과는 달리 사람이 어떤 목적을 위해 인공적으로 다른 두 식물을 수정하는 것을 '교배'라고 해요.

새 품종이 만들어지는 과정

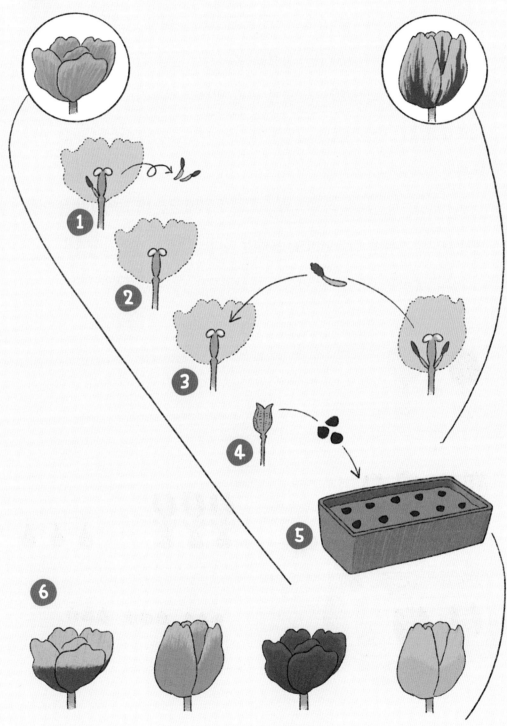

가령 A 품종과 B 품종을 교배시켜 새로운 품종을 만든다고 해 볼게요. A
의 암술에 B의 꽃가루를 옮겨서 씨앗을 얻어요. 그리고 그 씨앗을 땅에 심
고 5~6년을 기다리면 A와 B의 성질을 모두 가진 튤립 꽃이 피어요.

그중에서 가장 마음에 드는 꽃을 골라 알뿌리 나누기로 알뿌리를 늘려
가면 새 품종이 만들어져요. 그렇게 되기까지 약 20년이 걸린다는 건 이미
잘 알고 있지요?

옛날 사람들도, 오늘날의 전문가들도 다 기본적으로 이 교배 방법을 이용
해서 새로운 품종을 만들었어요. 꽃뿐만 아니라 채소도 마찬가지예요.

그런데 새 품종을 만들 땐 야생의 원종이 아주 중요한 역할을 해요.

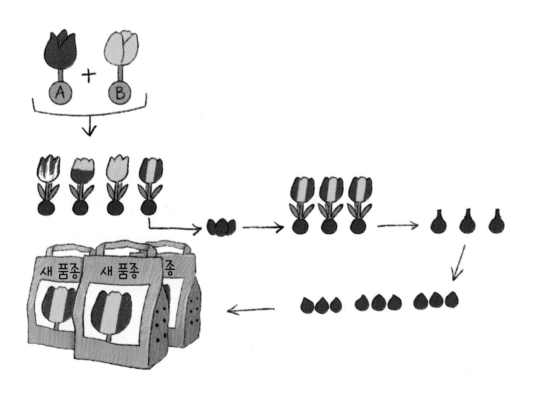

새로운 꽃과 채소를 만들면 반드시 병이나 기후 조건에 약한 품종이 생기기 마련이에요. 그러나 자연 속에서 나고 자란 원종은 강한 생명력을 갖고 있어요. 아득히 먼 옛날부터 오늘날까지 무서운 병이나 어려운 기후 조건을 이겨 내고 살아왔거든요.

더 우수한 품종을 만드는 품종 개량을 할 때 원종의 그러한 성질을 넣는다면 병이나 기후 조건에 더 강한 품종이 만들어지지요.

그래서 전문가들은 원산지를 찾아가 해당 원종을 열심히 수집해요. 잘 기르고 관리하여 품종 개량 때 효과적으로 사용하기 위해서예요.

'브로큰 튤립'의 정체는 바이러스

앞에서 이야기한 튤립 파동 시절의 사람들을 열광시켰던 건 바로 값비싼 '브로큰 튤립'이었어요.

브로큰 튤립은 언제, 어떤 튤립이 될지 아무도 알 수 없었어요. 마치 당첨되기만 하면 하루 사이에 부자가 되는 '복권' 같은 우연성이 사람들을 미치게 했던 거예요.

브로큰 튤립의 인기는 튤립 파동이 끝난 후에도 꽤 오랜 시간 계속되었어요. 그 매력이 얼마나 압도적이었는지 알 수 있지요.

그리고 뒤늦게 브로큰 튤립의 정체가 밝혀졌어요.

1920년대 후반에 전자 현미경이 발명되었고, 그제야 비로소 과학자들은 바이러스에 대한 개념을 알게 되었지요. 과학자들은 진딧물에 있는 바이러스로 인해 브로큰 튤립이 만들어진다는 사실을 과학적으로 증명했어요.

그런데 과학자들이 얼룩의 원인을 해명하기도 전에 이미 브로큰 튤립의 인기는 사라졌어요. 색이 선명한 '다윈계' 품종이 시장에 나와 큰 유행을 끌었거든요.

원예가나 재배가들은 과거와는 달리 브로큰 튤립과 같은 얼룩이 생기지 않도록 노력했어요. 약 300년 동안 높은 평가를 받아 군림했던 튤립의 왕인 브로큰 튤립이 드디어 그 자리를 넘길 때가 온 거예요.

심지어 브로큰 튤립의 얼룩이 바이러스 때문이라는 사실이 밝혀진 뒤에는 브로큰 튤립이 생기면 모두 내다 버렸어요. 다른 튤립에 바이러스가 옮지 않도록 말이에요. 과거에는 고급 주택 한 채와 교환되기도 했던 튤립인데 말이지요.

그런데 요즘 다시 얼룩이 있는 튤립이 유행하기 시작했어요. 혹시 병든 튤립이 아닐까 걱정하지 않아도 돼요. 이런 얼룩은 사람이 과학의 힘으로 '일부러' 만들어 낸 얼룩이니까요.

생산 농가는 왜 키운 꽃을 딸까?

튤립은 키우기 아주 쉬워요. 누가 심어도 아름다운 꽃을 착실하게 피우지요. 이것 또한 튤립이 전 세계 사람들에게 사랑받는 이유 중 하나예요.

누가 심어도 실패 없이 꽃을 피우려면 저렴하고 질 좋은 알뿌리가 필수예요. 우리가 심는 튤립의 알뿌리는 거의 다 튤립 농가에서 생산됐어요. 농가에서는 재배한 튤립에 꽃이 피면 2~3일 동안 해당 품종이 맞는지, 병든 튤립은 없는지를 검사해요. 그리고 검사를 마치면 피어 있는 꽃을 모두 따 버려요.

1년 동안 애지중지 키웠는데 왜 꽃을 따냐고요? 그건 바로 꽃의 성장을 멈추기 위해서예요. 꽃이 자라면 그곳으로 많은 영양분이 흡수되기 때문에 그만큼 알뿌리가 자라기 어려워요. 농가가 파는 건 꽃이 아니라 알뿌리니까요. 아쉽지만 알뿌리를 잘 키우려면 어쩔 수 없이 꽃을 따야 해요.

꽃이 피기 직전, 땅속의 '어미 알뿌리'는 쭈그러들지만, 그 속에는 여러 개의 '아기 알뿌리'가 자라요.

농가의 진짜 일은 이 아기 알뿌리를 튼튼하게 키우는 거예요. 꽃이 피었다고 해서 끝이 아니라 그때부터가 시작인 셈이지요.

그러면 무엇이 알뿌리를 성장시킬까요? 그건 바로 잎이에요. 잎이 가장 많이 성장하는 시기는 바로 꽃이 필 무렵이에요. 꽃을 딴 튤립밭의 땅속에서는 잎의 영양분을 흡수한 아기 알뿌리가 성장해요.

꽃이 피고 한두 달쯤 지난 6월쯤에는 녹색이었던 잎도 시들어서 갈색으로 변해요. 하지만 여전히 잎의 영양분은 알뿌리에 저장되지요.

그런데 장마의 습기나 여름의 더위 때문에 알뿌리가 상할 수도 있어요. 그래서 적당한 시기에 알뿌리를 수확해야 해요.

하나의 어미 알뿌리에서는 세 개 정도의 괜찮은 아기 알뿌리를 얻을 수 있어요. 농가에서는 알뿌리를 잘 씻은 뒤 병이 들지 않도록 소독해서 잘 말려요. 그리고 통풍이 잘되는 곳에 보관하지요.

우리는 꽃을 즐기기 위해 알뿌리를 심지만, 알뿌리를 얻어서 다음 해에도 꽃을 피우고 싶다면 농가에서 하는 것처럼 적당한 시기에 꽃을 따야 해요. 꽃을 그냥 내버려 둔다면 튼튼한 아기 알뿌리를 얻지 못하니까요.

음……. 꽃이냐? 알뿌리냐? 여러분도 만약 튤립을 키운다면 분명히 고민할 거예요.

똑!

왜 예쁜 꽃을
따는 거예요?

건강한 알뿌리를 수확하려면
꽃을 따야 해.

꽃을 자르면
영양분이 모두
알뿌리에 가기 때문에
좋은 알뿌리를 얻을 수
있단다.

05 튤립 꽃을 피우자!

튤립을 키워 보자!

튤립을 어떻게 키워야 하는지 궁금한가요? 자, 이제 튤립의 알뿌리를 잘 고르고 심는 방법을 알려 줄게요.

알뿌리 식물은 가을에 심어서 봄에 꽃을 보는 종류와 봄에 심어서 가을에 꽃을 보는 종류가 있어요. 튤립은 가을에 심어서 봄에 꽃을 보아요.

❶ 좋은 알뿌리 고르는 방법

· 크고 잘 부푼 것
· 단단하고 무게가 있는 것
· 싹이나 뿌리가 나와 있지 않은 것
· 뿌리가 나오는 부분에 상처가 없는 것
· 표면에 곰팡이나 얼룩이 없는 것

❷ 흙을 준비하는 방법

- 화분 바닥의 구멍을 그물로 막는다.
- 물이 잘 빠지도록 원예 돌을 바닥에 놓는다
- 돌 위에 흙을 뿌린다.

❸ 알뿌리를 심는 방법

- 반드시 뾰족한 부분이 위로 가게 심는다.
- 화분이나 화단을 양지바른 곳에 둔다.

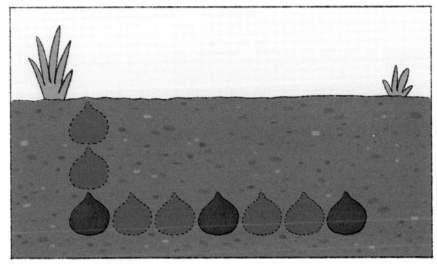

④ 알뿌리를 땅에 심을 때

- 알뿌리 두 개 정도의 깊이로 심는다.
- 알뿌리 두 개 정도의 간격을 둔다.
- 겨울에 씨앗을 어디에 심었는지 알기 위해 비올라 등의 겨울 꽃과 함께 심는다.

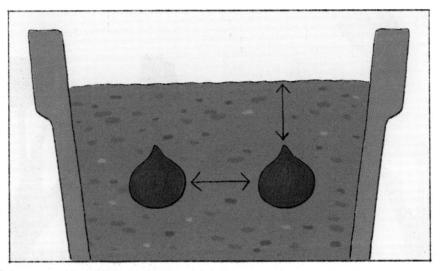

⑤ 알뿌리를 화분에 심을 때

- 뿌리가 자라는 공간을 확보하기 위해 2센티미터 정도 아래에 심는다.
- 알뿌리 한 개 정도의 공간을 확보한다.

꽃이 피다!

틀립의 알뿌리는 추운 겨울에도 뿌리를 내리고 싹 틔울 준비를 해요.

품종에 따라 조금씩 다르지만, 대부분의 틀립은 2월쯤에 싹이 나고, 성장이 빠른 품종은 3월에 꽃이 피기 시작해요.

꽃봉오리는 처음에 연한 녹색이지만, 점점 진한 색으로 물들어요. 꽃이 피고 난 후에는 1~2주 정도를 유지해요.

한겨울에 꽃피우자!

튤립은 추운 시기를 거쳐야 꽃이 피어요. 알뿌리를 냉장고에 넣어 인공적으로 추운 시기를 지내면 원래의 개화 시기보다 2~3개월 이른 한겨울에도 꽃을 피울 수 있어요.

①

9월에 알뿌리를 종이봉투에 넣고 냉장고의 채소실(5도 정도)에 약 8주일 동안 보관해요.

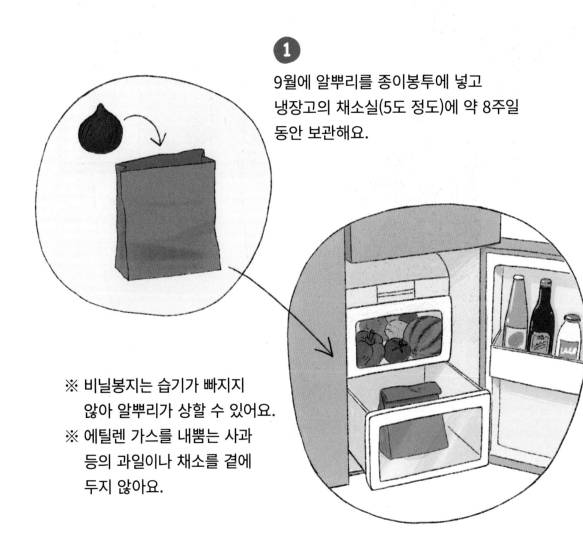

※ 비닐봉지는 습기가 빠지지 않아 알뿌리가 상할 수 있어요.
※ 에틸렌 가스를 내뿜는 사과 등의 과일이나 채소를 곁에 두지 않아요.

2

11월에 알뿌리를 화분에 심어요.

3

4주일쯤 지난 뒤
양지바른 곳에 놓아두고,
온도는 15도 정도로 유지해요.

4

알뿌리를 심은 뒤,
2개월 정도 지나면 꽃이 피어요.

🌷 참고 자료

• 《채소, 역사 꽃이 피었습니다》 김황, 봄개울, 2020

• 《튤립 북(チューリップブック)》 草土出版, 2000

• 《튤립 관찰 사전(チューリップ観察辞典)》 小田英智, 偕成社, 2003

• 《튤립, 수선화, 국화(チューリップ,スイセン,キク)》 日本農業教育学会, ポプラ社, 2015

• 《튤립 그림책(チューリップの絵本)》 いまにしひでお, 農文協, 2003

• 《알뿌리로 즐기는 작은 가드닝(球根で楽しむ小さなガーデニング)》 エイ出版社, 2009

• 《튤립 – 유럽을 열광시킨 꽃의 역사(チューリップ - ヨーロッパを狂わせた花の歴史)》 Anna Pavord, 大修館書店, 2001

• 《튤립의 문화지(チューリップの文化誌)》 Celia Fisher, 原書房, 2020

퀴즈와
단어 풀이

튤립 관련 상식 퀴즈

튤립 관련 단어 풀이

튤립 관련 상식 퀴즈

01. 튤립이 다른 식물보다 빨리 자랄 수 있는 건 ＿＿＿＿＿＿ 식물이기 때문이에요.

02. 튤립은 1년만 사는 한해살이 식물이에요. (○, ×)

03. 연근과 토란은 알뿌리 식물이에요. (○, ×)

04. 우리가 먹는 감자는 알뿌리 식물의 뿌리 부분이에요. (○, ×)

05. 줄기의 일부에 변형된 모양의 잎이 겹쳐진 알뿌리를 ＿＿＿＿＿＿ 라고 해요.

06. 뿌리가 부풀어서 생긴 알뿌리를 ＿＿＿＿＿＿ 라고 해요.

07. 알뿌리가 아기 알뿌리를 만드는 걸 ＿＿＿＿＿＿ 라고 해요.

08. 알뿌리 식물은 씨앗이 없어요. (○, ×)

09. 세계에서 튤립의 알뿌리를 가장 많이 생산하는 나라는 ＿＿＿＿＿ 예요.

10. 튤립의 원산지는 네덜란드예요. (○, ×)

11. 튤립의 이름의 어원은 '터번'을 뜻하는 터키말에서 비롯했어요. (○, ×)

12. 한 튤립에서 얻을 수 있는 아기 알뿌리는 열 개 정도예요. (○, ×)

13. 튤립 파동이 일어났던 시대의 브로큰 튤립은 아주 저렴해서 누구나 구매할 수 있었어요. (○, ×)

14. 브로큰 튤립의 얼룩은 ＿＿＿＿＿ 때문에 생긴 거예요.

15. 튤립의 얼룩은 자연적으로만 생겨나요. (○, ×)

16. 튤립과 가장 연관 깊은 숫자는 ＿＿＿＿＿ 이에요.

17. 튤립은 꽃잎, 꽃받침, 잎이 모두 일곱 개예요. (○, ×)

18. ＿＿＿＿＿색, ＿＿＿＿＿색, ＿＿＿＿＿색의 튤립은 아직 없어요.

19. 튤립은 자신과 똑같은 성질의 꽃을 만들기 위해 스스로 수정해요.
(○, ×)

20. 목적을 위해 다른 두 식물의 꽃가루받이를 인공적으로 시키는 걸 ....
라고 해요.

21. 자연 속에서 나고 자란 원종의 생명력은 아주 강해요. (○, ×)

22. 튤립의 꽃을 빨리 피우기 위해서는 알뿌리 대신 씨앗을 심어야 해요.
(○, ×)

23. 알뿌리는 꼭 비닐봉지 안에 넣어서 보관해야 해요. (○, ×)

24. 튤립의 알뿌리는 추운 겨울에 말라 죽어요. (○, ×)

25. 튤립은 가을에 심어서 .... 에 꽃이 피어요.

26. 크고 단단하고 무게가 있는 알뿌리는 좋은 알뿌리예요. (○, ×)

27. 튤립의 꽃을 자르는 이유는 .... 이 꽃 대신 알뿌리에 가도록
하기 위해서예요.

28. 새 품종을 만들기까지는 약 3년 정도가 걸려요. (○, ×)

29. 현재 튤립은 200종에 달하는 다양한 품종이 재배되고 있어요. (○, ×)

30. 튤립의 씨앗을 심으면 꽃이 피기까지 약 1년 정도가 걸려요. (○, ×)

정답
01 알뿌리   02 ×   03 ○   04 ×   05 비늘줄기(인경)   06 덩이뿌리(괴근)
07 알뿌리 나누기   08 ×   09 네덜란드   10 ×   11 ○   12 ×   13 ×
14 바이러스   15 ×   16 3   17 ×   18 파란, 검은, 녹   19 ×   20 교배   21 ○
22 ×   23 ×   24 ×   25 봄   26 ○   27 영양분   28 ×   29 ×   30 ×

튤립 관련 단어 풀이

바이러스: 라틴어로 '독'이라는 뜻으로 병을 일으키는 세균보다 작은 미세한 크기의 물체를 일컫는다. 세균과 기생충, 식물, 동물 등에 살며 해를 입힌다.

비늘잎: 식물의 잎이 시들어 버린 후에도 줄기에 남아 있는 잎들을 말한다.

생명 공학: 자연의 힘이 아닌 사람의 힘으로 동식물 등의 기능이나 외형을 변형시키는 기술.

수술: 식물의 생식 기관 중의 하나이다. 꽃밥을 떠받치고 있는 가느다란 줄기인 꽃실과, 꽃가루를 감싸고 있는 주머니를 통틀어 말한다.

수확: 익은 농작물을 거두어들임.

알뿌리: 땅속에 있는 식물의 일부인 뿌리나 줄기 또는 잎 따위가 달걀 모양으로 생긴 것으로, 영양분을 저장한다.

어린싹: 채소나 곡물의 씨에서 돋아나는 어린 떡잎.

여러해살이 식물: 한 해가 아닌 여러 해 동안 사는 식물을 통틀어 이른다.

영양분: 생물이 살아가는 데 필요한 에너지를 말한다.

원산지: 동식물이 맨 처음 자라난 곳.

원종: 어떤 품종의 선조에 해당되는 종.

재배: 식물을 심어 가꿈.

재배종: 자연적인 교배가 아닌 사람이 교배하여 생긴 다음 세대의 동식물.

통풍: 바람이 통함.

품종: 해당 농작물이나 동물을 일컫는 이름.

한해살이 식물: 일 년 동안 사는 식물을 통틀어 이르는 말.

홑꽃잎: 한 겹으로 이루어진 꽃잎.

개량: 나쁜 점을 더 낫게 고침.

개화: 식물의 꽃이 피는 것.

겹꽃잎: 여러 겹으로 된 꽃잎.

고산 지대: 높은 산이나 해발 2,000미터 이상의 지대를 부르는 말.

교배: 인위적으로 생물의 암수를 수정하여 다음 세대를 얻는 일.

꽃가루: 종자식물의 수술의 화분낭 속에 들어 있는 가루 같은 생식 세포.

꽃가루받이: 수술에 있는 꽃가루가 꽃가루를 받는 부분인 암술머리에 옮겨
　　　　　　붙는 일.

꽃받침: 꽃에 있는 한 부분으로 가장 바깥쪽에 꽃잎을 받치고 있는 꽃의 보
　　　　　호 기관의 하나.

꽃봉오리: 아직 피지 않은 꽃을 이르는 말.

꽃잎: 꽃을 둘러싼 낱낱의 조각 잎.

다육엽: 수분이 많고 통통하게 부푼 식물의 잎.

땅속줄기: 땅속에 있는 식물의 줄기.